LA VÉRITÉ DÉVOILÉE,

OU

LA MÉMOIRE DE CLÉMENCE ISAURE

VENGÉE

PAR UNE SUITE DE FAITS HISTORIQUES;

SUIVIE de son Enlèvement, de sa Léthargie et de son Apparition aux Mainteneurs le 3 Mai 1512 :

OUVRAGE entièrement neuf, où l'on démontre que l'Origine de l'Académie des Jeux Floraux de Toulouse se perd dans la nuit des temps.

DÉDIÉ A L'ACADÉMIE DES JEUX FLORAUX DE TOULOUSE.

> Je ne suis né pour célébrer les Saints ;
> Ma voix est faible, et je suis jeune encore:
> Je veux pourtant vous chanter cette Isaure,
> Qui fit, dit-on, des prodiges divins.
> Elle planta de ses pucelles mains,
> Pour les Savans dont elle fut l'Idole,
> Cinq belles Fleurs dans notre Capitole.
>
> *Fragment d'un Poëme inédit.*

A TOULOUSE,

De l'Imprimerie de Jean-Matthieu DOULADOURE, rue Saint-Rome, n.° 41.

1817.

LA VÉRITÉ DÉVOILÉE,

OU

LA MÉMOIRE DE CLÉMENCE ISAURE

VENGÉE

PAR UNE SUITE DE FAITS HISTORIQUES.

CHAPITRE PREMIER.

Introduction.

ON fait annuellement l'éloge de Clémence Isaure, fondatrice des Jeux Floraux, leur bienfaitrice, et celle de la ville de Toulouse. Cet éloge, qui devrait exciter la reconnaissance publique, n'excite souvent que le rire. On nie l'existence de cette noble et généreuse dame ; on révoque en doute sa fondation et ses bienfaits. D'où viennent ces doutes ? quelle est la véritable cause d'un scepticisme aussi singulier, et dont il n'y a peut-être pas d'exemple dans les annales de la littérature ? C'est ce qu'on se demande journellement ; et il a été impossible jusqu'ici de résoudre ces questions d'une manière satisfaisante.

Il existe une prodigieuse quantité de discours, de pièces de vers, de romans, qui prouvent jusqu'à l'évidence qu'Isaure a existé. A la vérité les historiens les plus graves et les plus estimés révoquent en doute, non-seulement les bienfaits, mais même l'existence de cette dixième muse. Mais que sont les historiens auprès des poëtes, des romanciers, et des registres d'une académie ? Une discussion historique, quelque lumineuse qu'elle soit, a-t-elle jamais pu être opposée au plus mauvais sonnet ? et l'autorité d'un savant du premier ordre peut-elle balancer celle d'un mainteneur de l'académie des Jeux Floraux de Toulouse ?

Tout bien examiné et bien réfléchi, il m'a paru qu'un extrait de l'état du dénombrement, dressé par le syndic de la ville de Toulouse, et portant au dernier article la donation faite à cette ville par dame Clémence, de trois prairies, contenant ensemble cent vingt arpens ou environ, a été la cause principale des doutes élevés contre l'illustre fondatrice. L'académie n'a pas osé faire valoir ses droits sur cette donation ; elle a méconnu cette dame Clémence, craignant que si elle l'identifiait avec sa bienfaitrice, le genre de donation énoncé dans l'article du dénombrement, ne donnât occasion aux mauvais plaisans de dire que c'était trop de trois arpens de prairie pour l'usage de chaque mainteneur ; qu'un seul leur aurait suffi. Mais lorsqu'on peut acquérir des preuves par la simple énonciation d'un fait, il faut l'énoncer hardiment, et ne pas craindre les épigrammes que quelques mauvais plaisans, ennemis ou du moins jaloux de la gloire académique, ne manqueraient pas de faire sur une pareille donation, revendiquée par elle ; il faut confondre la mauvaise foi et l'incrédulité. Telle sera ma manière de procéder contre ces sceptiques téméraires qui osent faire imprimer des mémoires contre la vérité de la plus belle fondation dont s'honore la littérature. Nous pensons donc hautement que la donation du pré de 120 arpens est le premier bienfait de Clémence Isaure envers l'académie. Elle voulut assurer par là le paiement de toutes les dépenses des Jeux ; et si elle donna dans cette occasion une grande latitude à sa générosité, c'est que le rassemblement du 3 mai attirant tous les ans un grand concours de poètes, elle voulut qu'il fût grandement pourvu à leur subsistance pendant que durerait la célébration des Jeux : c'est ce qu'exprime son épitaphe, *Et de reliquo ibi epulentur. Reliquo* doit s'entendre de la jouissance du pré, dont la donation n'est pas exprimée dans l'épitaphe, mais qui doit y être sous-entendue.

On conçoit fort bien que la délicatesse des docteurs de la gaie science et des nombreux historiens de l'académie a dû répugner à faire valoir cette donation, et qu'il a fallu de toute nécessité qu'en renonçant à la faire valoir, elle renonçât aussi à considérer la donatrice de ce pré comme la véritable bienfaitrice de l'académie. C'est ce qui a répandu de l'obscurité sur ce point si essentiel de notre histoire littéraire ; car la donation du pré

A 3

étant de plus de 145 ans antérieure au changement opéré dans la dénomination de la société de la gaie science en 1512 , si l'académie reconnaissait Clémence Isaure pour la même personne qui avait donné le pré en 1364 , qui reçut en avril 1367 l'hommage de la fameuse chanson de *la Bertat*, et qui opéra le changement arrivé en 1512 , il fallait qu'elle fît vivre Clémence Isaure pendant plus de 180 ans ; ce qu'elle n'osait avancer , malgré le soupçon qu'elle pouvait avoir de ce fait extraordinaire.

Trop de délicatesse a donc été la seule cause de son embarras et de l'avantage qu'ont paru avoir ses adversaires. Si elle eût osé dire ce qu'elle soupçonnait , et ce dont plusieurs mainteneurs sont même aujourd'hui convaincus, que Clémence Isaure a vécu près de 200 ans , toutes les obscurités de son histoire se seraient éclaircies , toutes les difficultés se seraient aplanies.

En louant l'académie de cette sage réserve , nous nous garderons cependant bien de l'imiter ; et possédant des preuves suffisantes pour convaincre les plus incrédules , nous vengerons la mémoire d'*Isaure*, en même temps que nous ferons connaître les principales et les plus glorieuses époques d'une académie à laquelle elle fit tant de bien , et qui lui dut l'éclat dont elle jouit encore de nos jours.

Nous n'ignorons pas que la tâche que nous nous imposons est difficile , que nous avons contre nous l'autorité de *Catel* et de *Lafaille* ; mais nous leur opposerons *Bernard Guidon*, *Bertrand*, *Surila*, *Nicolas Gille*, *Frère Antoine de Gano*, tous historiens véridiques, et dont les ouvrages jouissent de la plus haute estime ; nous leur opposerons les poètes *Boissoné*, *Garos*, *Saint-Agnan*, etc., dont personne ne révoque en doute la grande célébrité ; nous leur opposerons d'anciens historiens, dont les écrits sont conservés dans de fameuses bibliothèques, ou dont les manuscrits ont été retirés des fouilles d'Herculanum, de Stabia et de Pompeia ; des pièces authentiques trouvées dans les archives de l'hôtel-de-ville, ou que le hasard a fait découvrir ailleurs ; des statues, des peintures ; en un mot, une foule de monumens d'art ou historiques, dont la masse doit accabler les ennemis de l'académie, et réduire au silence l'incrédulité la plus opiniâtre, la mauvaise foi la plus déhontée.

On peut juger, d'après cet exposé, de l'importance de mon entreprise. Que de recherches n'a-t-elle pas exigé de moi ! que de peines, de travaux ne me suis-je pas imposé ! J'ai fait quatre voyages de long cours ; j'ai parcouru une fois la Grèce, trois fois l'Italie ; j'ai gravi les âpres montagnes de la Suisse et des Apennins ; je suis descendu dans les vastes souterrains d'Herculanum, de Pompeia, de Stabia, pour y chercher des manuscrits ; et si j'ai été quelquefois assez heureux pour que mes recherches aient été couronnées du succès, elles ont été bien plus souvent infructueuses. Le hasard m'en a fait découvrir plus en un jour dans ma patrie, que des voyages de long cours ne m'en ont procuré en dix ans.

Puisse l'académie me savoir gré de ce dévouement ! Je serai trop payé de mes peines et de mes dépenses, si elle daigne jeter un coup d'œil favorable sur ce mémoire. Il n'est pas écrit en style académique ; mes tournures de phrases sont souvent communes ; il n'y a pas dans mon style ce nombre, cette harmonie, qui distinguent les productions académiques : mais il n'est pas donné à tout le monde d'aller à Corinthe. Qui oserait prétendre d'égaler nos quarante mainteneurs ? qui peut se flatter de posséder leur éloquence à la fois douce et persuasive ?.... Loin de nous une pareille prétention ; ils possèdent le feu sacré auquel chacun vient allumer son flambeau. Mais si le style de mon mémoire est peu académique, en revanche ce mémoire sera rempli de faits intéressans, de notices importantes. Je ne laisserai rien ignorer, lorsqu'il s'agira de venger celle que l'ignorance la plus honteuse et la mauvaise foi la plus insigne ne cessent d'attaquer depuis plus de trois siècles ; je dois même sacrifier mon amour-propre pour atteindre ce noble but.

CHAPITRE II.

Première époque.

Nous savons, de science certaine, que l'école de Pech-David était déjà célèbre sous le règne d'Auguste ; que ses docteurs pouvaient rivaliser avec ce que Rome et la Grèce avaient produit de plus distingué, avec les Homère, les Démosthène, les Horace et les Virgile. Mais ce que tout le monde ignore, c'est que lors de l'expédition de Bellovèse et de Sigovèse, 590 ans avant Jésus-Christ, une académie florissait déjà dans nos murs.

L'histoire de cette fameuse émigration, écrite par *Terpis de Bellecarria* (1) en langue gallogrecque, et dont j'ai entre les mains une excellente traduction latine, nous apprend que les Gaulois, qui passèrent à Marseille pour gagner l'Italie par les défilés de Ligurie, séjournèrent quelque temps dans cette ville, qui, à cette

____

(1) *Terpis de Bellecarria* écrivait son histoire à Athènes, 561 ans avant Jésus-Christ, 23 ans après le départ de *Bellovèse* des Gaules. Il dit, dans l'introduction de son histoire, qu'il l'a terminée la même année que *Pisistrate* se rendit maître de la citadelle *d'Athènes*. Son manuscrit, écrit en langue *gallogrecque*, est presque inintelligible ; il est dans la bibliothèque du roi de Perse. Lord Spencer qui, dans un voyage qu'il fit en Asie, s'en procura une excellente copie, l'a fait traduire en latin par un Candiote. Le noble lord a bien voulu me communiquer cette traduction.

époque, l'emportait de beaucoup sur Rome et Carthage par sa population, ses richesses, son commerce et la civilisation de ses habitans. Bellovèse fit camper son armée autour des murs de la ville, et fut d'un grand secours à cette république contre les armes des Carthaginois, dont les flottes croisaient alors dans le golfe *ligustique*, et qui firent même une descente sur son territoire.

Marseille reconnaissante, outre les présens qu'elle fit aux Gaulois, leur donna des fêtes superbes, dont la poésie et la galanterie firent les frais. Les *Tectosages*, qui, sous le commandement de *Brennus*, aïeul de celui qui, deux cents ans plus tard, saccagea Rome, formaient une partie de l'armée de *Bellovèse*, se distinguèrent de tous les autres peuples des Gaules par leur éducation et par leur savoir.

L'un d'eux, appelé Tuzis, composa, dans une de ces fêtes, un madrigal charmant, qu'un de nos anciens poètes a traduit ainsi :

> (1) Moi qui ne faisais rien que rire
> Des pleurs que versent les amans,
> Faut-il que comme eux je soupire,
> Accablé de pareils tourmens ?
> Moi qu'on a vu d'amour mépriser la puissance,
> Dois-je me rendre enfin, et faut-il qu'un enfant
> Entre dans mon cœur triomphant,
> Et le range par force à son obéissance ?

----

(1) Ce madrigal a été connu des Espagnols, qui l'ont aussi traduit dans le 16.e siècle. Cette traduction commence ainsi : *Jo que no asia que reir.*

Que diront les Gaulois , et que dira Brennus ,
De voir Tuzis , la fleur des guerriers Tectosages ,
D'une jeune beauté subissant l'esclavage ,
Et flétrir ses lauriers aux autels de Vénus ?
N'importe , je me rends , amour , je n'en puis plus ;
Ta violence a trop de charmes ,
Et contre les coups de tes armes
La raison m'offre en vain des secours superflus ,
Je ne manquerai point d'excuses ;
Un si redoutable vainqueur ,
Pour se rendre maître du cœur ,
N'a que trop de force et de ruses ;
Et les autres Gaulois apprendront de mon sort
Qu'il n'est rien d'assez fort
Contre amour que la mort.

Un des lieutenans de Brennus , *Borix* , devenu amoureux de la sœur d'un guerrier Marseillais , qui venait de faire mordre la poussière à 4000 Carthaginois , lui adressa ce sonnet , dont la pensée ingénieuse a été tellement goûtée par Corneille , qu'on lui attribue sa traduction ; la voici :

(1) Que je vois de rapport de votre frère à vous ,
Divinité mortelle , adorable Sylvie !
Il tenait en ses mains et la mort et la vie ,
Vos yeux vous ont acquis les mêmes droits sur nous :

Mille vaillans héros éprouvèrent ses coups ,
Et le Dieu de la guerre en fut touché d'envie ;
De mille amans captifs votre beauté suivie ,
Fait que de vos attraits amour même est jaloux.

---

(1) Il y a eu des plagiaires de tous les temps. Ce sonnet , qui est incontestablement traduit vers par vers sur celui de Borix , a passé long-temps pour être de Corneille. Il fut adressé à la belle Mme de Châtillon.

Des rivières de sang coulèrent par ses armes,
Vos rigueurs font couler des rivières de larmes ;
Partout comme vos yeux il vainquit sans effort.

Votre gloire pourtant est moindre que sa gloire ;
Il savait mieux que vous user de sa victoire ;
Car il donnait la vie, et vous donnez la mort.

On voit, par ces deux pièces de vers, que nos deux Gaulois étaient fine fleur de chevalerie, et qu'ils tournaient aussi agréablement un vers, qu'aucun de nos poètes occitaniens modernes. On ne lit rien de meilleur aux séances actuelles de l'académie des Jeux Floraux.

Tuzis était *Tectosage* ; il le dit lui-même dans son madrigal. La tournure des vers du sonnet prouve que *Borix* l'était aussi. Le sonnet est bien certainement d'origine occitanienne ; mais ce n'est cependant pas une preuve suffisante que Borix fût Tectosage. *Terpis de Bellecarria* nous en donne une plus positive, en nous assurant que *Tuzis* et *Borix* étaient de Toulouse, *ubi est societas antiqua, musis Minervæque dedicata.* Peut-on exiger un témoignage plus clair et plus positif en faveur de l'existence d'une académie à Toulouse de temps immémorial ? Elle était déjà ancienne 561 ans avant J. C. ; l'épithète *antiqua* le prouve. Il faudrait être de bien mauvaise foi, pour ne pas convenir que cette antique académie dont parle *Terpis* fut la mère de l'académie d'aujourd'hui.

Je ne puis citer en son entier le discours *d'Am-*

(13)

phiarix , Gaulois de l'armée de *Brennus* , qui saccagea Rome , l'an 365 de la fondation de cette ville , au sénateur *Papyrius* , un des quatre-vingts qui se dévouèrent aux dieux infernaux. L'antiquité ne nous en a conservé que quelques traits , que l'on trouve dans le manuscrit de l'histoire des 380 premières années de la république romaine , par *Valerius d'Antium* (1).

Voici tout ce qui nous reste de ce discours. Je me suis permis de le traduire ; c'est une témérité à moi , dont je demande pardon à l'académie.

Amphiarix , après avoir fait à *Papyrius* des reproches sur la mauvaise foi des trois envoyés du sénat , lui dit : *Vous nous appelez barbares ; vous prétendez que ni la bonne foi ni l'humanité ne nous sont connues ; est-ce à vous , Romains , à nous faire de tels reproches , vous qui sans cesse les armes à la main cherchez tous les prétextes possibles pour agrandir votre territoire aux dépens de vos voisins ? vous qui , descendus d'un brigand , n'avez cessé de suivre son exemple ? vous qui , vu le mépris que vous inspiriez , ne pouvant obtenir de vous allier par des ma-*

---

(1) Cet auteur est cité par Tite-Live , au 3.e livre de la 1.re décade , an de Rome 290. Son manuscrit a été trouvé à Arpino (terre de Labour). Il ne contient qu'une très-petite partie de cette intéressante histoire ; le reste a été brûlé ou tellement noirci, qu'on n'a pu le déchiffrer ; c'est ce qui a empêché de le publier, car tous les articles sont tronqués.

riages libres et légitimes avec les habitans du Latium, n'eûtes des femmes que par un crime? Vous ignorez nos lois, nos mœurs; vous ignoreriez même notre existence, si, forcés par une trop grande population de quitter leur patrie, nos ancêtres n'eussent passé les Alpes pour venir en chercher une nouvelle dans les plaines que l'Eridan arrose. Et dans un autre endroit : Vos consuls, vos tribuns militaires, votre sénat, sont-ils autre chose que les successeurs de la puissance de vos Rois? Vous nous traitez d'esclaves, parce que nous avons des chefs; mais ces chefs sont-ils nos maîtres? ont-ils des distinctions de naissance? ont-ils des chaises curules comme vos sénateurs? ont-ils des licteurs comme vos magistrats? Si nos chefs punissent, c'est après nous avoir consultés; et si par la lâcheté de leurs actions ou de leurs paroles ils se montrent indignes de nous commander, nous les mettons de suite à la queue de nos braves, et nous nommons pour nous commander le plus digne d'entre nous, celui qui s'est montré le plus sage dans le conseil, le plus brave dans les combats. Appelez-vous cela être esclave? est-ce le nom de roi donné au chef qui rend le peuple esclave, ou bien est-ce l'exercice d'une autorité tyrannique? Nos biens sont communs à tous; il n'y a pas de pauvres plébéiens chez les Gaulois; les greniers de l'état fournissent aux besoins de tous, et tous travaillent également à les remplir.

Nos villes, qui ressemblent plus à des camps qu'à des cités, ne retentissent pas des cris des malheureux débiteurs, que d'impitoyables créanciers traînent en prison ou accablent de coups. L'usure nous est inconnue : un Gaulois secourt un Gaulois ; il partage avec lui le grain que la nature fait croître et mûrir pour tous : un Romain ruine un Romain en feignant de l'obliger. Ailleurs encore, après avoir épuisé les reproches, il ajoute : *Est-ce là ce qui te rend orgueilleux et vain ? penses-tu que ta chaise curule, ta longue barbe, ta contenance grave et ta longue robe m'en imposent ? Détrompe-toi, je ne vois dans tout cela que la livrée de l'orgueil ; une peau de mouton me paraît préférable, et ce vain étalage de puissance et de grandeur ne m'inspire que la pitié...*

Ces derniers mots piquèrent au vif *Papyrius*, d'autant que le Gaulois, en les prononçant, avait saisi la barbe du sénateur, et lui secouant la tête, la lui jeta en arrière avec mépris. Celui-ci lui ayant donné un coup de baguette sur les doigts, ce fut le signal de sa mort. Le Gaulois lui fit voler la tête ; les autres sénateurs eurent de suite le même sort.

Amphiarix est désigné par *Valerius d'Antium* comme Gaulois Tectosage. Il n'est pas expressément dit qu'il fût de Toulouse ni de l'académie palladienne, mais son discours le prouve assez ; il n'est pas besoin de recourir à d'autres preuves. Il suffit d'ailleurs à l'académie des deux pièces de vers précitées, et du témoignage authentique de l'historien contemporain auquel nous les devons, pour que l'on ne puisse raisonnablement élever aucun doute sur son antiquité : jamais point d'histoire ne fut aussi parfaitement établi.

Laloubère a donc eu raison d'avancer que l'origine de l'académie se perd dans la nuit des temps. Eh ! qui oserait affirmer que l'*illustre Limosin*, fondateur de la capitale des Tectosages au temps de la prophétesse *Débora*, n'a pas été lui-même le fondateur de l'académie, et que, conduisant sa colonie sur les bords de la Garonne, comme *Antenor* conduisit la sienne sur les bords de *la Brenta*, il ne porta pas sur ces rives fortunées, avec ses pénates, les premiers élémens d'une institution qui devait être si fameuse dans la suite des temps ? Si cette présomption pouvait se réaliser, combien la certitude d'une pareille origine serait glorieuse pour l'académie ! Il serait digne d'elle de charger une commission, choisie parmi ses membres, de faire des recherches exactes sur ce sujet.

Les immenses archives de notre Capitole, si poudreuses, si ignorées, ne contiendraient-elles pas de précieux renseignemens sur l'académie ? Je conviens que ce serait une tâche bien pénible pour ceux qui seraient chargés de les compulser, et qu'ils risqueraient d'avaler un ou deux quintaux de poussière ; mais cette savante poussière ne serait pas respirée sans fruit. Quelle gloire
d'ailleurs

d'ailleurs la plus faible découverte ne ferait-elle pas rejaillir sur son auteur et sur l'académie elle-même. C'est bien alors que les mainteneurs pourraient s'écrier dans un noble enthousiasme :

> Nous avons avalé deux quintaux de poussière,
> Mais aussi quel trésor va paraître en lumière ;
> Nous avons retrouvé dans un vieux parchemin,
> L'histoire de nos Jeux, fondés par Limosin.

Une fête donnée à cette occasion serait réellement une fête littéraire nationale ; on pourrait l'ordonner dans le goût de celle que l'académie célébra, il y a quelques années, en l'honneur du poète Goudouli (1), dont les restes exhumés de l'église des Carmes, où ils étaient depuis sa mort, furent transportés et déposés dans celle de la Daurade. Je ne doute pas que chaque académie de l'Europe n'envoyât une célèbre députation

_____

(1) On se rappellera long-temps à Toulouse la fête qui eut lieu lors de l'exhumation des restes de Goudouli, en 1811. Les ossemens de ce grand homme furent précieusement recueillis, et portés processionnellement à l'église de la Daurade, où ils furent inhumés de nouveau. Il est cependant douteux que les ossemens exhumés fussent ceux de Goudouli ; il paraîtrait plutôt que ce sont ceux d'un vieux procureur, mort en 1680 : la tradition ne dit pas que ce fût en odeur de sainteté. Un homme de l'art consulté, déclara que le squelette de la main était encore à moitié fermé, et dans la position de saisir quelque chose ; il fallait que l'action de saisir fût devenue une seconde nature chez celui auquel elle avait appartenu, pour que l'état de dissolution de toutes les parties musculeuses et nerveuses, et leur défaut d'action sur les phalanges n'eût pu la lui faire perdre. L'académie ayant résolu de faire une procession, et ne trouvant pas d'autre cadavre à exhumer, passa outre, et le squelette du procureur fut porté solennellement à la Daurade.

B

pour y assister. Je me représente cette savante théorie s'avançant gravement vers le Capitole, chantant des hymnes en l'honneur des illustres fondateurs, précédée de la bannière académique, son président fermant la marche, et tenant dans ses mains le précieux manuscrit, et le montrant au public émerveillé d'un pareil spectacle..... Vaine illusion ! les savans siégent paisiblement dans les fauteuils académiques, et l'origine de l'académie est encore inconnue. Qu'on me pardonne cette digression ; un noble enthousiasme me dominait, et j'ai été entraîné, malgré moi, par la beauté de mon sujet.

CHAPITRE III.

Seconde époque.

LA seconde époque glorieuse pour l'académie, est celle où Virgile, venant disputer une place de mainteneur contre le fils du docteur Cap-Denier, fut vaincu par ce dernier, et retourna à Rome avec sa courte honte. Il est vrai qu'à son retour dans sa patrie il composa l'Énéide, et que sans cette humiliation nous n'eussions peut-être pas eu ce poëme immortel. Mais la gloire qu'il acquit en le composant, peut-elle égaler celle dont il se fût couvert, si, forçant le jeune Cap-Denier à s'avouer vaincu, au lieu du pieux *Énée*, du fidèle *Achate* et du vaillant *Cloante*, il eût chanté la fondation de Toulouse par le grand Limosin, et les exploits des Isaures, dignes compagnons des travaux de cet illustre fondateur ? La postérité n'aurait certainement pas perdu au change.

L'académie tenait alors ses séances sur les côtes de Pech-David, où l'on découvre encore les ruines d'un édifice, qui, par sa distribution, ne peut qu'avoir appartenu à une école célèbre. Elle donnait ses places au concours ; rien ne manquait à sa gloire. A la vérité, les ouvrages du célèbre docteur Cap-Denier et de son fils ne sont pas parvenus jusqu'à nous. Un auteur contemporain nous assure qu'il en avait composé un très-grand nombre ; mais que l'académie, croyant se rendre Pallas favorable, jeta solennellement tous les ouvrages de ses docteurs dans un des fameux lacs de Toulouse. La sûreté publique lui commanda ce sacrifice pénible. Une épidémie ravageait alors la ville et ses environs ; elle s'était renouvelée plusieurs fois, depuis l'enlèvement fait par *Cepion* de l'or qui avait été jeté par les Gaulois dans les lacs, et que l'on fait monter à plus de 200 millions de notre monnaie. L'oracle consulté sur les moyens d'arrêter ce fléau dévastateur, répondit que l'épidémie durerait tant que l'on n'aurait pas remplacé cet or par des richesses d'égale valeur.

Cette réponse désespérante augmenta le deuil des habitans ; on ne voyait aucune possibilité de se procurer des richesses aussi énormes. Pendant que les Tectosages se livraient au désespoir, un docteur, juste appréciateur de la valeur des manuscrits que possédait l'académie, proposa de les offrir à Pallas, en compensation de l'or de Toulouse. Cette proposition, qui ne pouvait être appréciée que par des hommes distingués par leur savoir, révolta le peuple; on crut que la déesse, irritée d'une telle ironie, aggraverait encore les maux des Tectosages; mais l'académie et le conseil des vieillards résolurent de faire ce sacrifice expiatoire. Les manuscrits furent donc jetés solennellement dans les lacs..... O prodige! le sacrifice ne fut pas plutôt consommé, que l'épidémie cessa. Les malades reprirent leur vigueur; et au lieu du deuil et de la consternation qui régnaient depuis si long-temps à Toulouse, ce ne furent plus que des fêtes et des réjouissances pour célébrer cet heureux événement. On peut juger par là du mérite des manuscrits que possédait alors l'académie.

Le fait que je viens de faire connaître se trouve rapporté tout au long dans une lettre écrite par *Antonius primus*, surnommé *Beco*, à l'empereur *Vespasien*; elle fait partie d'un recueil épistolaire découvert dans les fouilles d'*Herculanum* : ce recueil était renfermé dans un coffre de fer artistement ouvré. J'ai lu cette lettre en entier dans mon dernier voyage d'Italie; mais le conservateur du musée de Portici ne voulut m'en laisser prendre que quelques notes. J'offris de ce précieux cadeau trois fois son poids en or; mais toutes mes instances furent inutiles. Que ne donnerais-je pas aujourd'hui pour l'avoir en ma possession, et pouvoir en faire hommage à l'académie !

Toulouse à cette époque était gouvernée par des rois ; il y en eut trois du nom d'Isaure, cette illustre famille, dont les ancêtres, d'après le témoignage des auteurs les plus estimés, suivirent Limosin, lorsque, long-temps après la fondation d'Athènes par Cécrops, il vint fonder Toulouse sur les bords de la Garonne. *Isauret* était premier ministre de *Limosin* ; ses enfans montèrent sur le trône après l'extinction totale de la race de ce prince. Ils y furent portés par leur mérite, par l'amour que les Tectosages avaient pour eux, et non par aucune de ces intrigues ou de ces crimes, qui déshonorent trop souvent les chefs des dynasties.

Toulouse conserva ses rois jusqu'à la conquête de la Septimanie et de la Novempopulanie par les Visigoths. Les Isaures périrent alors tous par le fer de ces conquérans. Un seul survécut au désastre de sa famille ; il se réfugia à Trèves, auprès du Préfet des Gaules, qui lui donna une charge considérable dans sa maison.

On dit, mais je n'ose l'assurer, qu'un des descendans de ce prince épousa la fille d'un géant énorme, et que, de cette union, sortit une race de géans, dont les féroces rejetons se répandirent dans plusieurs parties de la France, et bâtirent sur des hauteurs des châteaux, d'où ils sortaient pour détrousser les passans. Les chevaliers de la table ronde leur firent long-temps la guerre, et les braves de Charlemagne les détruisirent presqu'entièrement. Le dernier dont il est fait mention dans l'histoire, d'après le récit du très-véridique et très-raisonnable historien Nicolas Giles, secrétaire de Louis XII, fut tué près de Paris dans un combat singulier, par Guillaume de Courtnay.

Les Visigoths ayant été chassés de Toulouse par Clovis, deux petits-fils du prince Isauret, réfugiés à *Trèves*, et qui étaient alors à *Aix en Provence*, où avait été transportée la métropole des Gaules, revinrent à Toulouse. Ils ne recouvrèrent pas la couronne, mais ils furent remis en possession de leurs biens, qui avaient été donnés à des seigneurs visigoths.

Il y a peu d'exemples dans l'histoire d'un attachement pareil à celui que les Toulousains conservèrent toujours pour la race des Isaures. C'est certainement pour reconnaître cet attachement, autant que pour favoriser l'exercice de la poésie, que son dernier rejeton, la célèbre Clémence, fit à l'académie et à la ville cette fameuse donation, qui a été l'objet de tant de discussions entre les capitouls, ou magistrats municipaux, et les mainteneurs de l'académie. Mais n'anticipons pas sur les événemens, et revenons aux Visigoths.

CHAPITRE IV.

Troisième époque.

Aussitôt que Vallia, successeur d'Atolphe, se vit légitime possesseur de la Septimanie, il établit le siége de sa domination à Toulouse. Les occupations guerrières de ce monarque ne lui firent pas négliger les sciences et la littérature ; il comprit fort bien qu'il n'y avait pas de véritable grandeur sans civilisation, et que les progrès de la civilisation seraient extrêmement rapides, si ses nouveaux sujets pouvaient inspirer à leurs vainqueurs le goût de l'étude et de la poésie. La ville palladienne lui parut digne de rivaliser avec la capitale du Monde. L'académie avait perdu en partie son éclat ; mais son feu n'était pas éteint : il ne s'agissait que de le ranimer pour le rendre plus vif que jamais ; c'est ce que fit Vallia.

Le visigoth Incilla, qui nous a laissé une histoire des rois de sa nation jusqu'à Alaric II, ne nous laisse pas ignorer la protection spéciale et les encouragemens que Vallia, et après lui ses successeurs, sur-tout Théodoric, accordèrent à l'académie ; elle avait cessé depuis plus de cent ans de tenir registre de ses séances ; Théodoric voulut qu'elle reprît cet usage, et la plume académique fut tenue long-temps par Atalgide, un de ses favoris, qui excellait sur-tout à faire des sonnets.

Ce prince donna un costume aux mainteneurs : ce costume était dans le goût chinois. L'habit, semblable à une soutane, était fond jaune, parsemée de violettes, d'amaranthes, d'églantines et de soucis. Le bonnet, surmonté d'un bouton, avait, entr'autres ornemens, deux traits ou rayons à peu près semblables à ceux qui paraient le front du législateur hébreu, mais placés de manière à ce que la partie de ces rayons qui touchait le bonnet se trouvait immédiatement au-dessus de l'ouverture de l'oreille qui en était couverte. Ces rayons étaient emblématiques. Je n'oserais cependant me permettre d'expliquer la signification de cet emblème. L'académie des sciences pourrait proposer des recherches sur cet ornement, et en faire le sujet d'un mémoire à couronner.

Ce costume élégant et noble était de rigueur le jour des séances publiques, et sur-tout à celle du 3 mai. Les mainteneurs se rendaient ce jour-là en procession à l'église de la Daurade (1). Cinq estaffiers portaient devant elle les modèles des fleurs, exécutés sur de très-grandes proportions ; c'étaient des sortes d'enseignes affectées particulièrement à l'académie. Ces modèles étaient d'or ou d'argent, selon l'institution. Mais ce qui distinguait plus particulièrement encore ce corps savant,

---

(1) Les Visigoths firent réparer le temple de Pallas ; ils l'ornèrent de mosaïques à leur manière ; ils en firent une église ; on l'appela depuis la Daurade, c'est-à dire, l'église de Notre-Dame dorée. Voy. dom Martin, *Religion des Gaulois*, tom. 1.er, p. 146.

c'était sa grande bannière, qui n'était autre chose
qu'un perchoir, dont les branches représentaient
aussi les fleurs, et au faîte duquel on voyait un
paon faisant la roue (1).

On doit regretter que la moderne académie n'ait
pas conservé cette bannière, dont l'idée était on
ne peut pas plus ingénieuse. L'académie prenait
alors le nom de société *Palladi-gallo-visigotine,
societas palladi gallo visigotinia*. Ce nom est
prouvé par une cornaline gravée, sur laquelle il
est écrit. Cette pierre fut envoyée par le savant
abbé Audibert à l'abbé de Barthelemy (2). Le
vicaire de Montaudran avait trouvé ledit bouton
dans les fouilles de Vieille-Toulouse. J'eus connaissance qu'elle existait, par une note marginale
écrite de la main même dudit abbé, sur un exem-
plaire de son ouvrage sur les antiquités de Vieille-
Toulouse. Il est dit dans cette note que ladite
pierre gravée ou bouton fut envoyée à M. l'abbé de
Barthelemy en 1770. J'ai cherché à la retrouver
parmi les objets de ce genre, laissés par ce dernier

---

(1) D'habiles critiques ont prétendu que l'oiseau placé sur le
haut du perchoir était un coq-d'Inde ; mais je ne puis partager leur
opinion, car les coqs-d'Inde n'ont été connus en France que depuis
l'existence des Jésuites, qui les y portèrent de l'Inde. Il serait
cependant possible qu'ils y eussent été connus autrefois, et que
les Tectosages, ou *Gallogrecs*, ou *Galates*, les eussent apportés à
Toulouse de l'Asie mineure. Il ne nous appartient pas de résoudre
de pareilles difficultés : reste qu'ils se sont fort multipliés depuis,
et que du perchoir ils sont plus d'une fois descendus dans le fauteuil.

(2) Ce savant abbé a prouvé jusqu'à l'évidence qu'un cimetière
était une ville, et que l'on enterrait les Tectosages chacun dans
leurs maisons. Idée lumineuse, et sur-tout très-raisonnable.

au cabinet des médailles de la bibliothèque royale ; mais toutes mes recherches ont été infructueuses. Une personne qui avait assisté à l'inventaire du cabinet de feu *l'abbé de Barthelemy*, m'a dit qu'il se rappelait fort bien de l'avoir vue et touchée dans ledit cabinet. Un autre antiquaire m'assura aussi l'avoir vue, et me dit que c'était une cornaline ronde d'un centimètre de rayon, un peu convexe par-dessus ; c'était sur cette convexité qu'était gravée l'inscription *Societatis palladi gallo visigotinia*. Il ne se rappelait pas parfaitement si le dernier *i* de *visigotinia* était dans l'inscription , ou bien s'il y avait simplement *visigotina ;* je pense que l'*i* devait y être , parce que de cette manière l'inscription se trouve conforme à celle écrite dans les notes marginales de *l'abbé Audibert*. Ladite pièce portait au milieu de sa partie inférieure un anneau d'or , qui était fixé à peu près comme les anneaux qui servent à attacher les boutons ; ce qui prouve que c'était une des pierres qui surmontaient les bonnets des mainteneurs. Cet anneau lui porta malheur , et fut cause qu'elle fut volée, lors dudit inventaire , par un domestique qui la lorgnait depuis long-temps pour en faire un bouton de culotte ; il avait communiqué son projet à un de ses camarades par lequel on l'a su (1).

------

(1) Je laisse à l'académie des inscriptions et belles-lettres de Toulouse , le soin de faire des recherches sur cet objet. Je n'entends pas ici empiéter sur ses droits. Tout ce qui est inscriptions,

L'expulsion des Visigoths par Clovis ne fut pas avantageuse à l'académie. Ce prince, né barbare, ne faisait aucun cas de la poésie : l'ambition et la soif de la gloire étaient ses seules passions ; il ne comprit pas combien la poésie pouvait rehausser cette dernière. Heureusement pour la ville de Toulouse qu'il ne séjourna que peu de temps dans ses murs, et qu'il se contenta d'en emporter tous les trésors d'Alaric. Vaincu à son tour, il abandonna la Septimanie. Rien ne nous prouve que l'académie ait alors cessé de tenir ses séances ; mais nous n'avons aucun monument de ses travaux jusqu'à l'établissement des comtes par Charlemagne au commencement du neuvième siècle.

Ce prince venait de perdre son cousin Roland à la fameuse défaite de Roncevaux. Accablé par le chagrin que lui occasionna cette mort, bien plus que par les malheurs de tous les genres qu'il avait éprouvés, il vint à Toulouse pour se délasser des fatigues d'une longue et pénible expédition ; il connaissait de réputation la ville palladienne ; il s'établit au palais de Saint-Sernin, et son pre-

---

médailles, pierres gravées, est de son ressort. Je doute que depuis que l'on cherche à éclaircir des faits de ce genre, il se soit présenté une occasion de recherche aussi intéressante que celle-ci. Je n'en excepte même pas les recherches entreprises pour découvrir le pot de chambre d'Atticus, que l'on savait très-certainement exister dans les ruines de la maison de Cicéron, à Tusculum, et que l'on est enfin parvenu à découvrir, à la grande satisfaction des antiquaires.

mier soin fut de rassembler autour de lui les docteurs de la gaie science qui se trouvèrent alors à
Toulouse. Il cherchait un poète digne de chanter
les exploits et la mort glorieuse du comte d'An-
gers, et il ne fut pas long-temps à le trouver.
Les descendans du fameux docteur *Cap-Denier*
existaient encore, et avaient hérité de son savoir
et de son goût pour la poésie. La famille des
Isaures y florissait aussi. Le chef de cette illustre
race, qu'on appelait Isauret le Camard, à cause
de l'exiguité de son nez, fut choisi par les notables toulousains pour haranguer l'empereur : Christophe Cap-Denier était un de ces notables. Charles,
instruit dans les belles-lettres, ne pouvait guère
manquer de connaître le nom de cette illustre famille : aussi reçut-il Christophe à bras ouverts ; et
sur sa réputation du meilleur littérateur qu'il y
eût alors, il n'hésita pas de le charger de com-
poser un poëme sur la vie et les exploits de Roland.

Charles garda pour lui seul le manuscrit de ce
poëme ; il désira qu'il ne fût pas publié à Toulouse. Il le portait toujours avec lui, comme
Alexandre portait le poëme du divin Homère ;
et lorsque quelque temps après il alla se faire couronner empereur à Rome, il mena avec lui le docteur Christophe, et le présentant au pape Za-
charie, il lui fit aussi présent du manuscrit du
poëme de Roland, dont il garda une copie.

Ce poëme, qui n'est pas parvenu jusqu'à nous,

fut cependant connu de l'Arioste, et c'est de ce monument littéraire qu'il a tiré toute l'histoire du Paladin français, que l'on a cru long-temps fabuleuse, ou presque entièrement de son invention.

Nous ignorerions les particularités relatives à ce manuscrit, nous ignorerions même qu'il eût jamais été composé un poëme sur Roland, autre que celui de l'Arioste, sans la révélation presque miraculeuse d'un ermite des Apennins, qui écrivit l'histoire de Charlemagne en l'année 850. Cet ermite, dont le nom était *Rotondo de Maraudis*, paraît avoir été un des Toulousains qui suivirent Charlemagne en Italie. Il avait une charge à la cour de cet empereur, on ignore laquelle ; mais ayant séduit la femme d'un de ses amis dont il causa la mort, il résolut de passer sa vie dans la retraite, et la choisit dans les Apennins, entre *Maradi* et *Scarperia*, près du *Val de Mugiello*. Son ouvrage est conservé dans la bibliothèque de l'institut de *Bologne*, sous le n.° 552. On apprend dans cette histoire que Charles, pour récompenser le mérite de *Christophe de Cap-Denier*, rétablit l'académie dans tout son lustre, sous le nom de société palladi-gallique, et donna aussi, à sa sollicitation, le comté de Toulouse au prince Isauret. Christophe ne demanda rien pour lui-même : rare exemple de désintéressement, qui n'a guère été imité par les littérateurs qui sont venus après ce grand homme.

Les auteurs ne sont cependant pas d'accord sur la nomination du prince Isauret au comté de Toulouse ; plusieurs assurent que le premier comte de Toulouse fut un seigneur franc , nommé *Torson* , qui avait accompagné Charles dans son expédition d'Espagne ; mais rien n'est plus apocryphe que la prétendue nomination de ce seigneur franc. Le comte *Torson* n'est autre que le prince Isauret dont j'ai parlé plus haut. Torson était un surnom donné à son père , à cause de la brièveté d'une de ses jambes qui le faisait boiter légèrement ; c'était un dérivé de *tort , toursut , tourtut* , qui dans la langue romance signifie boiteux. Ce surnom passa à son fils , et fut ajouté à celui de Camard , qui lui avait été donné particulièrement pour la raison que j'ai déjà rapportée.

Bertrand , fils d'Isauret , fut second comte de Toulouse , et Isauret , fils de Bertrand , fut le troisième. La filiation d'Isauret n'a été contestée que par quelques historiens de mauvaise foi, sans réputation, tels que *Catel , Lafaille ,* et quelques autres d'aussi peu d'importance , dont le témoignage ne saurait affaiblir celui de *Bertrand Nogués ,* de *Frère Antoine de Gano ,* et ne saurait lutter sur-tout contre le texte formel du fameux manuscrit du capitole, où cette filiation est prouvée , et , qui plus est , représentée par portraits très-fidèles , très-artistement et très-élégamment peints (1).

____

(1) Ce manuscrit a été imprimé à la suite de l'histoire de

La succession des comtes de Toulouse n'ayant jamais été interrompue dans la famille *d'Isauret-Torson le Camard*, il est évident que tous s'appelèrent Isauret, et que si ce nom n'a pas été ajouté à leurs noms de baptême, c'est qu'il a paru plus convenable aux historiens de le supprimer ; car alors, comme aujourd'hui, on ne désignait les princes que par le nom de baptême, sans ajouter le nom de leur famille, qu'on était censé parfaitement connaître. On disait Bertrand I.er, Raimond II, comme on dit Louis V, Philippe IV, sans ajouter Capétien ou Capet. Mais le nom de famille ou de race des comtes de Toulouse est Isauret, comme Carlovingiens est celui de la seconde race de nos Rois ; il n'y a que la plus insigne mauvaise foi qui puisse contester un pareil fait.

La gaie science fut florissante à Toulouse depuis 800 jusqu'au temps des croisades ; à cette époque si fameuse dans l'histoire, les docteurs en gaie science partirent en corps pour la Terre sainte, sous les bannières d'*Isauret*, connu sous le nom de *Raymond de Saint-Gilles*. Ils étaient très-nombreux, et furent les premiers troubadours connus. Les *fins aimans*, ou, pour m'exprimer en langage vulgaire, les poètes couronnés suivirent leurs maîtres, emportant avec eux leurs

---

Toulouse par Catel ; on y a gravé aussi les figures des comtes, qui ont bien plutôt l'air d'orang-outangs habillés que de princes chrétiens.

joies (1), qui leur furent très-utiles sur leur route, en ce qu'elles leur valurent de la part des belles une hospitalité dont ils eurent souvent grand besoin. Je pourrais raconter à leur sujet plusieurs aventures auxquelles donnèrent lieu ces beaux joyaux ; ce fut sur-tout dans la capitale de l'empire d'Orient qu'ils furent appréciés leur juste valeur. Constantinople fut le théâtre de mille aventures galantes, que l'on pourrait considérer comme romanesques, si la vérité n'en était attestée par des auteurs dignes de foi. Les belles de la cour d'*Alexis* se montrèrent orgueilleuses d'avoir pu captiver les cœurs de ces célèbres poètes ; c'était à qui fêterait le mieux ces favoris des muses ; c'était à qui toucherait leurs belles joies, et si quelque chose put consoler la belle *Anne* des chagrins que lui causèrent trop souvent les incartades des chevaliers français, ce fut l'amour tendre et respectueux qu'elle inspira au beau Toulousain *Jean de la Reoule* (2), et qu'elle ressentit pour lui. Jamais plus beau

------

(1) Les joies en langage de la gaie science sont les fleurs que l'on donne pour prix aux poètes couronnés. Ces fleurs sont d'or ou d'argent artistement ouvrées. Les fins aimans ou poètes couronnés avaient toujours ces fleurs avec eux ; ils se seraient plutôt séparés de leurs chemises que de la boîte qui les contenait, et qu'ils portaient sur leur dos en façon de marmotte.

(2) Ce *Jean de la Reoule* a laissé un nom célèbre parmi nous ; tout le monde connaît la chanson populaire qui commence ainsi : *Jean de la Reoulo, moun amic, as ta fenno mal coufado.*

On ignore si ce poète se maria depuis, et ce qui peut avoir donné lieu à une chanson où son nom se trouve ainsi compromis ; mais il est probable qu'il se maria, et ce qu'il est fâcheux de penser, il est probable qu'il le fut.....

couple

couple n'avait paru aux yeux des Orientaux ; jamais d'aussi doux accens n'avaient frappé leurs oreilles. Anne et la Reoule chantaient ensemble des hymnes à la Vierge, et la fille d'Alexis accompagnait cette mélodie enchanteresse des doux sons de son luth. L'empereur n'avait pas de plus grand plaisir que de les entendre ; il croyait leurs plaisirs innocens, et ils le furent long-temps en effet ; mais l'amour fit bientôt des progrès rapides dans le cœur de la belle Anne et dans celui de la Reoule : bientôt leur passion ne connut plus de bornes. Une romance chantée par Jean de la Reoule en présence d'Alexis, et dont l'expression passionnée fit pâmer la trop sensible princesse, ouvrit les yeux à l'empereur. La Reoule fut saisi par les gardes et jeté dans une obscure prison ; il allait subir le sort d'*Abailard*, lorsque le comte de Toulouse se rendit chez Alexis, et le menaça de toute sa colère, s'il ne rendait de suite à la liberté cet infortuné poète, et s'il ne le remettait sain et sauf entre ses mains avec ses joies ; c'était sur-tout à ces belles joies que le perfide empereur en voulait, car c'était à elles qu'il attribuait l'amour de sa fille pour la Reoule.

Que sont devenus ces temps heureux où la réputation de l'académie s'étendait ainsi jusque dans l'Orient, et où le comte de Toulouse avait dans sa cour plus de fameux poètes qu'un siècle entier ne pourrait en compter de nos jours ! *Andrinople, Jérusalem, Ptolémaïs, Tyr,* si célèbres par

C

les exploits des croisés, vous le fûtes bien plus encore par les belles productions littéraires que le
génie de la gaie science enfanta dans votre sein !

Mais à cette époque célèbre succéda bientôt
une époque désastreuse ; les guerres de religion
firent de nouveau fermer le sanctuaire des muses ;
l'Occitanie fut livrée à la fureur des partis et au
fanatisme des opinions religieuses. Jetons un voile
sur cette époque malheureuse de notre histoire et
de celle de l'académie. Ce ne fut que vers la fin
du treizième siècle, et au commencement du qua-
torzième , que la gaie science , comme une fleur
long-temps cachée sous les ronces et sous les
épines , releva sa tête agréable au-dessus des fac-
tions écrasées. Son sommeil avait été de plus de
70 ans ; son réveil fut aussi glorieux que désiré.

CHAPITRE V.

Quatrième époque.

LES essaims de troubadours dispersés dans toute
l'Europe , dans l'Asie même , cherchèrent à se
réunir dans leur véritable patrie ; il était digne
des magistrats de la ville palladienne de les y fixer
de nouveau : une grande convocation eut lieu en
1323. Le son de la trompette guerrière qui appelait
les chevaliers français au combat , ne retentissait
pas plus agréablement à leurs oreilles, que l'annonce
de cette réunion célèbre ne retentit à celle des

troubadours. Plus de 10,000 poètes se rendirent à Toulouse à cette mémorable époque ; on les assembla au pré des Sept-Deniers , vaste emplacement appartenant à la famille des Isaures. La célèbre Clémence n'était encore qu'un jeune enfant, mais cet enfant précoce fut porté à cette assemblée dans les bras de sa nourrice , et elle bégaya, dit-on, quelques vers que lui inspirait sans doute Apollon , ou plutôt que ce dieu se plut à prononcer par sa bouche enfantine.

Ce fait si intéressant pour la gloire d'Isaure , était le sujet d'une petite ode anacréontique, composée par *Arnaud Vidal*, le même qui remporta le prix de l'hymne à la Vierge, qui fut le sujet du concours de l'année 1323. Les écrits de cet Arnaud Vidal, *de Castelnaudary*, étaient copiés dans le même registre qui contenait le testament de dame Clémence Isaure. Il n'existe plus la moindre trace de ce que contenait ce registre ; mais j'en ai eu un extrait entre les mains. Comme le petit manuscrit, dont cet extrait faisait partie, était dans mon archivaire avec mes titres de noblesse, un domestique que je chargeai, en mon absence, de remettre ces derniers au commissaire nommé pour en faire la recherche , lui remit avec les titres le précieux manuscrit, et comme eux il fut consumé par les flammes sur la Place royale. Il semble qu'une fatalité se soit attachée à détruire toutes les preuves de l'existence de cette dixième muse. En effet, ce manuscrit pouvait bien servir de preuve, vu son authenticité et son ancienneté, car il était conservé dans ma famille depuis plus de cinq cents ans.

Clémence Isaure vivait donc alors, et devait être âgée de deux ans. Ce fut en 1367 que l'ode à *la Bertat* lui fut dédiée et récitée devant elle. D'après le fait cité ci-dessus, elle devait avoir alors 46 ans, et l'on peut dater de cette époque la fameuse donation, dont les objets sont mentionnés dans son épitaphe. Elle avait déjà fait don du pré des Sept-Deniers, et était grande protectrice de la société ; tant qu'elle vécut, elle fit les frais des joies et des festins que l'on donnait lors de leur distribution.

Je ne dois pas passer sous silence que, lorsqu'elle donna le pré, elle institua aussi un prix, qui était un chardon de vermeil : ce prix était donné impromptu à celui des poètes convoqués, dont le gosier était le plus flexible, et qui avait fait entendre les intonations les plus mâles et les plus prolongées. Ce prix, disait le petit manuscrit cité plus haut, ne fut jamais réservé ; quelques docteurs un peu susceptibles le firent supprimer.

Je n'ajouterai rien ici à tout ce qui se trouve rapporté dans les registres de l'académie, touchant ses règlemens et son chancelier : ces registres furent renouvelés après la séance célèbre du 3 mai 1323. Tous ceux qui avaient été remplis antérieurement, avaient été brûlés dans l'incendie de la ville, ordonnée par Raymond de Montfort en

1221. Malheureusement la rue des Fleurs, où l'académie tenait autrefois ses séances, .et où elle avait ses registres, fut une de celles qui furent entièrement brûlées. Les docteurs étaient alors dispersés, et personne ne pensa à sauver ces trésors littéraires. Cette perte est irréparable ; et en la rappelant aux amis des muses, je ne puis que renouveler leurs douleurs. Il est des pertes que l'on aime à se rappeler, parce que leur souvenir se rattache à de grandes époques ; il est d'ailleurs des choses qu'on ne saurait trop ni trop long-temps regretter.

Mais il est temps de parler de la donation faite à la ville et à l'académie par Isaure, donation qui se trouve rapportée en abrégé dans son épitaphe. L'hôtel de ville en fait partie; on sait qu'elle le fit construire à ses propres dépens : *In œdem publicam quam ipsa suâ impensâ extruit.* La construction de l'hôtel de ville fut commencée en 1356. Achetant un jour des couleurs chez un épicier, je m'amusai à feuilleter quelques papiers, qui étaient destinés au poivre. L'un d'eux me frappa par la singularité de son écriture ; je cherchai à le déchiffrer ; et comme j'ai acquis quelque expérience dans ce genre de travail, je parvins non sans peine à le lire. C'était le devis des dépenses de la construction de l'hôtel de ville. Il y était dit formellement : « *C'est pour reconnaître l'attachement que les Toulousains ont toujours eu pour sa famille, que dame Clémence Isaure*

*fait construire un édifice qui doit leur être utile ;
elle ne croit pas pouvoir mieux employer les
richesses que lui ont légué ses pères.* » Ce devis
était signé *C. Isaure*, et plus bas *Arnaud Al-
baric* et *Guillaume Taparacii*, capitouls ; la date
portait 1350. Très-heureusement je pris ces notes
sur mon album ; car on a bien raison de dire que
ce qui arrive par la flûte, s'en va par le tambour.
Cette pièce si précieuse, qu'un heureux hasard
avait mis entre mes mains, me fut enlevée par
le plus malheureux des hasards (1).

La donation des halles au blé, au vin, au
poisson et aux légumes fut faite vers l'année 1369,
quelques momens avant la disparution d'Isaure ;
c'est ainsi que je l'ai entendu dire à mon père,
qui le tenait du sien, et ainsi en remontant par
tradition jusqu'à l'année de la donation.

Nous possédions même dans notre famille un
tableau précieux, composé par un artiste con-

---

(1) Une cuisinière mal-avisée ayant cherché long-temps du
papier pour envelopper la côtelette qui devait me servir de déjeû-
ner, s'avisa de prendre cette feuille sur mon bureau, où je l'avais
placée pour la consulter. Sa dimension la tenta. Je ne m'aperçus
de ce malheur qu'après l'avoir déchirée pour en ôter le contenu.
Mon chat s'en étant emparé, se mit à jouer si drôlement avec elle,
que ses gentillesses attirèrent mon attention. A force de fixer les
yeux sur lui, je crus reconnaître quelques caractères ; je m'em-
pressai bien vite de lui faire lâcher prise ; mais il n'était plus
temps. Je reconnus mon malheureux titre ; mais il était si déchiré,
il en manquait tant de morceaux, et ce qui restait était tellement
dénaturé, qu'il ne me fut plus possible d'y découvrir une ligne
entière. Qu'on juge de mon chagrin : la perte de mon entière garde-
robe ne m'aurait pas autant affecté.

temporain de Clémence , où cette illustre bienfaitrice des Jeux Floraux était représentée dans
les diverses circonstances de sa vie. Ce tableau,
divisé en quatorze compartimens , dans le genre
de ceux que les charlatans montrent au public
pour leur donner le désir de voir les curiosités
qu'ils représentent , était peint dans le goût du
moyen âge. Chaque compartiment portait son
inscription en langue romance , qui indiquait le
fait représenté , et la date. Ce tableau était placé
dans la chambre où je couchais étant enfant, et
je me rappelle encore que mes frères et moi en
faisions nos délices. Nous avions donné un nom
à chaque personnage. Isaure était madame Bonne,
et le vieux chancelier des Jeux , qui se tenait auprès d'elle, n'était appelé par nous que M. Sepet,
alors maître de pension , qui demeurait auprès
du clocher de Saint-Etienne. L'académie était
la classe ; les mainteneurs, les écoliers ; et le bouquet de fleurs qu'Isaure tenait dans ses mains,
était le fouet avec lequel elle les corrigeait.

La donation était le sujet d'un autre compartiment. Le peintre l'avait exprimée en repré-
sentant Isaure tenant un papier déroulé qu'elle
montrait aux capitouls et aux mainteneurs : nous
appelions ce compartiment la géographie.

Les inscriptions, qui étaient la véritable histoire
de Clémence Isaure, nous intéressaient peu ; mais
elles étaient la partie la plus précieuse de ce beau
monument. Il nous fut dérobé pendant que nous

étions à la campagne. J'ai toujours soupçonné l'avocat *Lagane*, qui fréquentait notre maison, de l'avoir enlevé. Tout le monde sait que ce capitoul s'était déclaré le champion des magistrats. Il craignait, sans doute, que cette pièce matérielle et authentique ne servît à le convaincre de mauvaise foi.

Tout coïncide donc pour prouver qu'il y a eu une donation. Et qu'on ne dise pas ici, pour la révoquer en doute, que pour donner, il faut posséder les objets qu'on donne, et que rien ne prouve qu'Isaure possédât tous les articles de la donation énumérés dans son épitaphe. Isaure possédait une partie de la ville. Ses ancêtres avaient fait bâtir des palais, joints à des jardins immenses dans plusieurs de ses quartiers. Ce sont les emplacemens de ces palais et de ces jardins qu'elle légua. Celui de la place Rouaix est bien connu; il en est fait mention dans plusieurs parties de notre histoire. Toutes ces propriétés avaient été rendues à sa famille, lors de l'expulsion des Visigoths, comme je l'ai dit dans le cours de mon mémoire.

Le testament qui instituait la ville héritière de tous ces objets (et de plusieurs autres dont l'épitaphe ne fait pas mention), à la charge par elle de loger l'académie, de la chauffer, de l'éclairer, de payer ses dépenses, ses fleurs ou joies, etc. était connu en l'année 1369. Nous savons, de science certaine, qu'il fut dressé par Guillaume

Cambegros, notaire, archiviste de la famille d'Isaure, et qui était un officier de sa maison, car il y avait plusieurs charges importantes dans la maison de cette noble dame. L'original dudit testament fut perdu dans la déflagration de la ville, arrivée en 1462. Le notaire, successeur de Cambegros, et tenant son étude, demeurait à cette époque dans la rue Peyrolières, dont les maisons furent entièrement consumées. Les flammes la gagnèrent avec une telle rapidité, qu'il n'eut que le temps de se sauver en chemise; il avait le corps tout brûlé, et ne survécut que de huit jours à l'embrasement de sa maison et de ses papiers.

Tous ceux desdits papiers relatifs à la famille des Isaures furent brûlés. On trouve ce fait consigné dans un manuscrit du 15.e siècle, qui se trouve actuellement dans la bibliothèque d'O-range (1).

Il est bien présumable que les capitouls possédaient une copie collationnée dudit testament, qu'ils durent même la garder très-long-temps; mais craignant sans doute que tôt ou tard cette copie ne servît à les frustrer de leurs prétendus droits à la reconnaissance publique, et qu'on ne

---

(1) On sait que cette bibliothèque précieuse appartenait au fameux Peiresc, et fut acquise par M. Tomassin de Masaugues, habitant d'Aix. L'évêque d'Orange l'acquit des héritiers de M. Tomassin, et la révolution en a fait la propriété de la ville d'Orange, dont elle forme la plus belle partie.

les forçât à en remplir toutes les clauses obligatoi-
res , qui étaient fort nombreuses et beaucoup plus
importantes que nous ne le pensons de nos jours ,
ils résolurent de l'anéantir , sachant fort bien que
l'original avait été brûlé dans l'incendie de 1462.

Leurs partisans objectent que les capitouls , en
se conduisant ainsi, auraient compromis les inté-
rêts de la ville ; que ce titre était leur seule ga-
rantie contre le fisc. Mais la soustraction de cette
copie n'ayant eu lieu que vers le milieu du 16.e
siècle , la ville possédant alors les objets , donnés
depuis plus de cent cinquante ans ; cette prescrip-
tion suffisait pour lui donner un nouveau droit, en
supposant que le droit primitif fût nul. N'est-il pas
d'ailleurs des momens où les hommes les plus
sages sont saisis d'un esprit de vertige ? et n'est-il
pas probable que les capitouls furent alors attaqués
de ce mal? On pourrait donner mille autres raisons
plus fortes les unes que les autres ; mais qu'est-il
besoin de raisonner , lorsque les faits parlent si
hautement. La tradition , l'épitaphe , l'aveu des
capitouls , le témoignage des poètes , des érudits,
des historiens , Papyre , Benoît , Bodins , ne
sont-ils pas des autorités irrécusables ?

Mais n'a-t-on pas osé accuser Bodins d'être
l'auteur de la fameuse épitaphe ? Quand on est
réduit à faire de pareilles allégations à des hommes comme Bodins, c'est que les bonnes raisons
manquent. Malgré les attaques dirigées contre
cette épitaphe, on ne peut empêcher qu'elle ne soit

une pièce authentique et légale. Les épitaphes ont toujours eu la force des actes notariés ; elles portent même un caractère de solidité que n'ont pas les contrats par-devant notaire : ceux-ci sont écrits sur des parchemins ou sur du papier , les épitaphes, au contraire , sont gravées sur la pierre , le marbre ou le bronze ; celle d'Isaure est sur ce dernier métal , par conséquent une des pièces les plus solides qu'on puisse produire à l'appui de son existence. D'ailleurs , ce serait étrangement s'abuser, que de penser que les formes judiciaires soient applicables aux faits et gestes d'une dixième muse : qui ne sait qu'à leur égard tout se décide par des formes particulières ?

Si les mainteneurs de l'académie voulaient faire taire toutes les clameurs , aplanir toutes les difficultés , faire évanouir tous les doutes , ils feraient l'apothéose de leur fondatrice ; et cet abbé célèbre , cet orateur fécond , dont la voix se fait entendre dans toutes les fêtes , dans toutes les cérémonies , en divinisant Isaure , nous donnerait une idée de cette éloquence sublime employée par les anciens pour diviniser leur héros.

Feu M. Ponsans , d'isaurique mémoire , a rassemblé , sur la donation d'Isaure , une foule de documens qu'on aurait bien de la peine à se procurer ailleurs. C'était un savant du premier ordre , un excellent logicien que ce M. Ponsans , mais qui n'entendait pas raillerie sur le compte de l'illustre fondatrice. Il entrait dans une sainte fureur contre les incrédules qui osaient douter de son existence. Ce sont des impies ! ce sont des sacriléges ! s'écriait-il souvent contre les capitouls. Il les déclarait dignes de toute la colère d'Apollon. J'ai toujours soupçonné qu'il avait eu connaissance de ce fait si peu connu, mais si glorieux pour Isaure, je veux dire de sa résurrection, ou plutôt de son réveil, après un sommeil de 141 ans. Mais son respect pour la religion ne lui permit pas, sans doute, de parler ouvertement d'un prodige, dont la manifestation aurait pu blesser les consciences timorées. Il ne faut pas chercher d'autre raison du silence que tous les historiens contemporains ont gardé sur ce fait.

Il est permis aujourd'hui de rompre ce silence : l'honneur de l'académie, la gloire d'Isaure, l'exigent également. On serait coupable, connaissant un fait aussi extraordinaire, de ne pas le faire connaître au public. La philosophie, je parle de celle qui, loin de combattre les doctrines religieuses, les soutient de son influence et en démontre la nécessité, doit rassurer les consciences timorées. Isaure se réveillant d'un sommeil de 141 ans, ne passera plus pour une divinité, mais pour un de ces êtres favorisés du ciel, auxquels il communique certaines propriétés pour les rendre propres à remplir ses vues. Il était dans les destinées de l'académie de voir changer son institution, et de devoir ce changement à une femme extraordinaire. Athènes dut la cessation de la peste, et ses meilleures lois, à Epiménides, qui s'était réveillé après un sommeil de 57 ans. Toulouse dut son illustration à Isaure, dont le sommeil dura 141 ans. Pour faire connaître cet événement extraordinaire, il faut reprendre les choses de plus haut.

CHAPITRE VI.

Léthargie d'Isaure.

ISAURE, comme je l'ai déjà prouvé dans ce mémoire, avait deux ans en 1323 ; elle vécut et fut protectrice de la gaie science jusqu'en 1371, époque à laquelle elle disparut, sans qu'on pût découvrir ce qu'elle était devenue. Des docteurs de la gaie science soutinrent qu'elle n'était pas morte, et qu'elle avait été enlevée toute vivante au séjour des heureux ; cependant ils n'osèrent émettre publiquement cette opinion, et se contentèrent de se la communiquer entr'eux ; ils instituèrent même une fête annuelle, qu'ils appelèrent *les Mystères d'Isaure :* ces mystères furent long-temps tenus secrets, et les nouveaux docteurs juraient de ne rien révéler ni sur leur institution ni sur leur célébration, qui avait lieu le 25 février. Les docteurs de la gaie science se rendaient ce jour-là dans le château de Saint-Michel-du-Touch, sous prétexte d'y délibérer secrètement sur les ouvrages présentés au concours, mais réellement pour y chanter des hymnes en l'honneur d'Isaure : il nous reste encore un sonnet du poëte Garos, cité par Catel, et transcrit sur les registres de l'académie de l'année 1513. Ce sonnet fut la dernière pièce de vers composée par la célébration des mystères d'Isaure ; les mainteneurs crurent même prudent de brûler tous les registres antérieurs, où les procès-verbaux de la fête du 25 février étaient rapportés, ainsi que les hymnes, sonnets, cantates, etc., que l'on récitait ou que l'on chantait ce jour-là au château de St.-Michel.

Cependant comme la multitude avait besoin de croire que l'on avait été reconnaissant envers la bienfaitrice de la ville, on lui dressa, vingt ans après sa disparution, un superbe monument dans l'église de la Daurade : ce monument, exécuté dans le plus beau style, était surmonté de la statue d'Isaure, la même que l'on voyait autrefois au-dessus de la porte du greffe du grand consistoire (1); et un savant composa son épitaphe, dans laquelle il fit connaître dans le style et en caractères numismatiques, une partie des bienfaits d'Isaure. L'église de la Daurade ayant été brûlée en 1462, les flammes épargnèrent la statue et l'épitaphe, et elles furent l'une et l'autre portées au capitole, où elles restèrent long-temps dans un coin du grand consistoire. Les docteurs ne s'empressèrent pas de les faire replacer, dans l'opinion où ils étaient qu'Isaure n'était pas morte, et qu'elle reviendrait un jour parmi eux ; c'est

____

(1) Cette statue est aujourd'hui dans la salle des séances particulières de l'académie.

dans cet espoir qu'ils ne mirent pas de date à l'épitaphe , et cet espoir ne fut pas chimérique.

En l'année 1512, le 3 de mai , au moment où les mainteneurs assemblés dans la salle de leurs séances particulières se disposaient à paraître aux yeux du public, et à prendre place sur les siéges qui leur avaient été préparés , une femme voilée paraît tout à coup au milieu d'eux ; son port noble et majestueux , sa démarche pleine de grâce , son costume antique et singulier , le voile qui la couvrait presque entièrement, et, plus que tout cela , un certain respect religieux qui remplit spontanément le cœur des quarante illustres, ne leur laissèrent pas douter que Pallas elle-même ne les honorât de sa présence.

Qu'on se figure, s'il se peut, leur étonnement et leur admiration , lorsque l'inconnue levant son voile , fit paraître à leurs yeux une figure céleste. Son vêtement était blanc ; une couronne d'or , composée de diverses fleurs , était posée sur sa tête; elle tenait dans sa main droite un rouleau de vélin , et de l'autre un bouquet composé des cinq fleurs ou joies de la gaie science. Leur premier mouvement fut de se prosterner à ses pieds ; mais l'inconnue les relevant : « Ce n'est qu'aux seules » divinités que de tels honneurs sont dus, leur » dit-elle, et je ne suis qu'une mortelle, favo- » risée des dieux , à la vérité , mais indigne de » leur être comparée. Vous voyez en moi la » célèbre Isaure , votre bienfaitrice , celle qui

» dès le berceau servit de mère et de protec-
» trice à l'académie ; le temps est enfin venu
» où de nouveaux règlemens doivent vous gou-
» verner, et où un nouveau nom doit être subs-
» titué à celui que votre société a porté jusqu'à
» ce jour. C'est pour opérer ce changement que
» je parais au milieu de vous ; c'est pour accom-
» plir ces hautes destinées que je fus enlevée, il
» y a 141 ans, du milieu de cette ville célèbre
» pour être transportée dans une demeure en-
» chantée.

» Un jour que, suivie de deux écuyers, j'a-
» vais été prendre l'exercice du cheval dans un de
» mes châteaux, nous fûmes surpris par un oura-
» gan furieux ; mon cheval effrayé ne connut plus
» la main sous laquelle il avait jusqu'alors été si
» docile, et à laquelle il se plaisait tant à obéir.
» Il part aussi rapide que le vent, et guidé sans
» doute par une divinité invisible, il me porta
» par monts et par vaux jusque sur le sommet
» d'une haute montagne, où je découvris un
» édifice immense d'un aspect imposant ; d'é-
» normes portes s'ouvrirent devant moi, et se
» refermèrent de suite avec un bruit effroyable.
» Mon coursier sauta dans une vaste cour en-
» tourée de colonnes ; deux écuyers étrangers
» (car les miens avaient disparu) saisirent sa
» bride, et me donnèrent la facilité de descendre.
» Une femme somptueusement vêtue et d'une
» beauté ravissante m'offrit son bras sans m'a-
» dresser

» dresser la parole ; et après que nous eûmes
» traversé ensemble de vastes et superbes appar-
» temens , elle me fit entrer dans celui qui m'é-
» tait destiné. O vous dont le sublime génie en-
» fante si souvent de brillantes chimères ! que
» votre imagination , franchissant , s'il se peut,
» les bornes les plus éloignées , se représente
» des palais aussi beaux que ceux des divinités
» de l'Olympe , et vous n'aurez encore qu'une
» faible idée des merveilles qui frappèrent mes
» yeux. Un concert céleste , mêlé de voix an-
» géliques, vint ajouter à mon enchantement ;
» mes faibles sens en furent ébranlés. Je voulus
» interroger l'inconnue qui était à mes côtés ,
» mais ma voix expira sur mes lèvres ; mes
» jambes refusèrent de me porter ; ma tête ,
» appesantie par tant de sensations enivrantes ,
» se pencha sur ma poitrine , et je me sentis
» accablée par un sommeil léthargique. C'était
» apparemment ce qu'attendait ma compagne ;
» car me voyant dans cet état , elle me prit dans
» ses bras, et m'alla déposer sur un lit magnifique,
» dressé au milieu de ce lieu enchanteur. A peine
» y fus-je placée , que je m'endormis du som-
» meil le plus profond et le plus paisible.

» J'ai resté 141 ans dans cet état , et une suite de
» songes délicieux ont fait courir ces années avec
» la rapidité des heures. Le plus agréable de ces
» songes fut celui où les hommes célèbres que doit
» un jour produire l'académie, m'apparurent ras-

» semblés dans le temple de la gloire. Les murs
» de ce temple étaient ornés de tableaux repré-
» sentant les fêtes du 5 mai ; dans les panneaux
» ou entre-colonnes étaient gravés sur des tables
» d'émeraude et de rubis les éloges si intéressans
» par la grandeur des sujets, par l'élégance du
» style, et sur-tout par le naturel et la vérité, que
» chaque nouveau mainteneur doit un jour pro-
» noncer en l'honneur de celui auquel il succé-
» dera ; j'y lus les discours annuels à ma louange,
» ces sonnets, ces élégies, ces odes, ces cantates et
» ces dithyrambes qui doivent un jour faire du
» recueil académique un des plus puissans narco-
» tiques que les hommes aient jamais employé
» contre les insomnies les plus invétérées.

» Vos successeurs tenaient dans les mains les
» lauriers de la gloire, et se faisaient admirer par
» l'air de grandeur répandu sur toute leur per-
» sonne. Parmi eux Apollon m'en fit remarquer
» un dont la figure gracieuse et majestueuse en
» même temps semblait appartenir à un demi-
» dieu. Ce personnage illustre, me dit Apollon,
» sera un jour la gloire de l'académie ; mais ad-
» mirez la singularité de sa destinée, il ignorera
» toujours sa langue, et mêlera confusément dans
» sa diction trois ou quatre idiomes divers. Diffé-
» rent de Démosthène, ses discours n'élèveront
» pas l'âme de ses auditeurs, mais ils exciteront
» le rire des hommes les plus flegmatiques ; il
» composera des inscriptions pour être gravées

» sur le marbre qui doit un jour décorer les bustes
» des grands hommes de la cité palladienne ; mais
» il s'y louera lui-même plus qu'il ne louera les
» illustres morts ; ce qui le distinguera sur-tout
» des savans passés, présens et à venir, ce sera
» son extrême modestie. Il composera lui-même
» l'histoire de sa vie avec cette sagesse et ce dé-
» sintéressement qui feront la base de son beau
» caractère ; il sollicitera les biographes de l'im-
» mortaliser de son vivant ; mais ceux-ci refuse-
» ront de se rendre à ses modestes désirs, réser-
» vant à quelque savant contemporain, juste
» appréciateur d'un aussi grand mérite, le soin
» de transmettre dignement à la postérité l'his-
» toire d'une vie si pleine de grandes choses.

» Son fils marchera sur ses traces ; il créera des
» époques pour créer des discours ; sa voix so-
» nore, la pureté de son accent, la noblesse de sa
» diction, l'élégance de son style, le rangeront
» au nombre des plus fameux orateurs qui auront
» paru dans le monde.....

» Je vous en ai assez dit, ajouta Isaure, pour
» vous faire entrevoir la grandeur de vos desti-
» nées ; il est temps d'aller annoncer aux habitans
» rassemblés les nouveaux changemens qui doi-
» vent s'opérer dans votre institution. Ils vous
» appellent à grands cris ; dites-leur que le génie
» d'Isaure vous les a inspirés, mais gardez-vous
» de leur parler de mon apparition : elle serait
» révoquée en doute ; les superstitieux crieraient

(52)

» au sacrilége , les fanatiques vous lapideraient ,
» et je ne pourrais appuyer la vérité de ma pré-
» sence , car il ne m'est pas permis de me pré-
» senter aux regards du vulgaire : et ici finit ma
» mission. » Elle dit..... et remettant le rouleau
de vélin au chancelier des Jeux qui était à ses
côtés , elle s'éclipsa aux yeux des mainteneurs
aussi miraculeusement qu'elle leur était apparue.

L'étonnement , la crainte , l'admiration avaient
tellement saisi les docteurs de la gaie science,
qu'ils furent long-temps immobiles et comme pri-
vés de toutes leurs facultés physiques et morales ;
les cris des habitans rassemblés , et qui étaient
impatiens de les voir paraître , les tirèrent enfin
de leur stupeur. Ils gagnèrent silencieusement la
salle des Jeux , et s'étant assis , le chancelier lut
à haute voix les règlemens de la nouvelle institution écrits sur le rouleau , et déclara que la
société prenait dès ce moment même le nom de
société des Jeux Floraux , au lieu de celui de la
Gaie Science qu'elle avait porté jusqu'à ce jour.
Les magistrats approuvèrent la nouvelle dénomination ; les acclamations d'un peuple immense
annoncèrent la satisfaction qu'il éprouvait de ce
changement.

Ce fait , qui ne saurait être révoqué en doute ,
explique les nombreuses contradictions des auteurs
qui ont écrit sur la fondation des Jeux Floraux.

Les uns font vivre Isaure à l'époque où fut
composé le chant de *la Bertat*, c'est-à-dire en

1367 ; de ce nombre sont *Dom Vayssette* et *Ponsans : Catel* et *Lafaille* paraissent pencher vers cette opinion. D'autres, comme les mainteneurs auteurs du grand mémoire qui parut en 1775, lui font changer la dénomination de la société de la Gaie Science en celle d'académie des Jeux Floraux en l'année 1513. Ces derniers ne se trompent que d'un an ; mais, comme on voit, ils ont raison les uns et les autres. Le secret qu'avait commandé Isaure, fut gardé scrupuleusement ; car on ne connut jamais le fait que je viens de rapporter, et il ne l'aurait jamais été sans le vandalisme révolutionnaire ; car le manuscrit qui le rapporte était enterré dans l'église des Carmes, derrière l'autel de la chapelle du Carmel, sous le cercueil qu'on y trouva, et qui fut quelque temps l'objet de la curiosité publique. Un maçon qui travaillait à cette démolition, trouva sous sa main, immédiatement au-dessous dudit cercueil, une boîte de plomb de la grandeur d'un petit *in-octavo ;* le dessus était fermé, et attaché au-dessous par deux bandes du même métal qui faisaient le tour de ladite boîte en se croisant, et qui venaient se joindre au-dessous, où leurs bouts étaient soudés. Il rompit facilement ces faibles liens ; et ayant ouvert la boîte, dans laquelle il espérait trouver un trésor, il fut fort étonné de n'y trouver qu'un cahier de papier écrit. Le désir de se rendre maître de ce que contenait cette boîte, avait engagé cet ouvrier à s'éloigner de ses compagnons pour l'ouvrir. Je l'observais en ce moment, curieux moi-même de connaître la valeur de sa trouvaille ; je ne le perdis pas de vue, et je ne pus m'empêcher de rire de son air de mauvaise humeur, lorsqu'il découvrit le peu de valeur de son trésor. J'en jugeai tout autrement que lui ; et m'en étant approché, je lui offris de remplir sa boîte d'argent, s'il voulait me donner en échange le papier qu'elle contenait. Il accepta avec joie ma proposition, et l'ayant conduit chez moi, nous effectuâmes notre échange, également satisfaits de nos nouvelles acquisitions.

On pense bien que je ne me repentis pas de mon marché, lorsque j'eus pris connaissance du contenu de mon manuscrit.

Me sera-t-il permis, après avoir mis au jour tant et de si importantes vérités, de hasarder une conjecture sur le corps trouvé en 1811 derrière l'autel de la chapelle du Carmel de l'église des Carmes ?.... On trouvera sans doute au premier aperçu ma conjecture hasardée ; mais peut-être partagera-t-on mon opinion, lorsqu'on l'aura un peu réfléchie.

Quelle pouvait être cette femme que l'on avait enterrée si honorablement et si mystérieusement ? ne serait-ce pas notre Isaure ?..... Le précieux manuscrit dont j'ai parlé plus haut, qui fut trouvé au-dessous du cercueil, ne semble-t-il pas le prouver ? En effet, comment aurait-il été placé là,

s'il n'avait eu aucun rapport avec le corps renfermé dans le cercueil ? Ce corps était celui d'une
femme et d'une vierge ; Isaure était vierge :
Castaque quinquaginta annis vixisset, dit son
épitaphe. Il me semble que ces probabilités sont
de telle force qu'elles forment une preuve com-
plète.

Je sais qu'en écrivant ceci, je prépare des re-
grets à l'académie ; mais il y a remède à tout. Le
corps de la fameuse *Ines de Castro* fut bien exhumé pour être couvert d'ornemens royaux, et
couronné. Pourquoi l'académie ne ferait-elle pas
exhumer le corps que je crois être celui d'Isaure ?
Dans le doute, il me semble qu'il n'y a pas à balancer. Si l'académie ne prend pas ce parti, elle
court le risque de se rendre coupable de la plus
noire ingratitude envers sa bienfaitrice ; si au
contraire elle le prend, et que le corps exhumé
ne soit pas celui de Clémence Isaure, il n'y aura
aucun mal ; elle aura fait, à la vérité, une exhumation en pure perte, mais les mainteneurs
ne sont pas à cela près d'une exhumation et d'une
procession. C'est beaucoup d'ailleurs que d'oc-
cuper le public d'eux et de la fondation ; car s'ils
ne saisissent pas toutes les occasions de célébrer
de temps à autre quelque solennité, ce public
ingrat les aura bientôt oubliés.

F I N.